A SHORT HISTORY

OF

ARYAN MEDICAL SCIENCE

AMS PRESS
NEW YORK

The Constitutions and Laws of the American Indian Tribes – Volume XIX

ACTS AND RESOLUTIONS

OF THE

CREEK

NATIONAL COUNCIL

OF THE EXTRA SESSION OF APRIL, 1894,

AND THE REGULAR SESSION OF OCTOBER, 1894.

SR Scholarly Resources Inc.
Wilmington, Delaware · London

SCHOLARLY RESOURCES, INC.
Wilmington, Delaware • London

Reprint edition published in 1973
First published in 1894 by E. H. Hubbard & Co.
Muskogee, Ind. Ter.

Library of Congress Catalog Card Number: 73-88773
ISBN: 0-8420-1721-6

Manufactured in the United States of America

ACTS AND RESOLUTIONS

OF THE

CREEK

NATIONAL COUNCIL

OF THE EXTRA SESSION OF APRIL, 1894,

AND THE REGULAR SESSION OF OCTOBER, 1894.

COMPILED AND TRANSLATED BY

D. C. WATSON.

MUSKOGEE, IND. TER.:
E. H. HUBBARD & CO., PRINTERS.
1894.

ACT OF APRIL, 1894.

INTERMARRIED NON-CITIZENS.

Be it Enacted by the National Council of the Muskogee Nation: That the courts of this Nation shall have and exercise jurisdiction over all controversies arising out of or pertaining to property rights acquired in this Nation, and situated in the same, by non-citizens who have intermarried with citizens of this Nation and by reason of such marriage secured rights and privileges in this Nation under which such property was acquired and accumulated by them. The jurisdiction of our courts shall extend to controversies over property and property rights acquired by intermarried non-citizens of our Nation who, by virtue of this intermarriage with citizens, acquired such property rights and privileges, and that irrespective of whether such controversies are between non-citizens and citizens of the Muskogee Nation or between any person whomsoever, who claim in this Nation property rights under and through such intermarried non-citizens which are by them acquired in the manner aforesaid; and all persons hereafter intermarrying with citizens of this Nation shall thereby be deemed to consent that the courts of this Nation exercise jurisdiction over all property rights and privileges that they acquire in this Nation by virtue of their said marriage.

Be it further Enacted: That all property brought into this Nation by non-citizens in consequence of intermarriage of such non-cifizens with citizens of this Nation shall likewise be under the jurisdiction of the courts of this Nation.

Approved April 6, 1894.

ACTS AND RESOLUTIONS

OF THE GENERAL SESSION, 1894.

AMENDATORY TO TERMS OF BOARD OF EDUCATION FOR ENSUING YEAR.

Be it Enacted by the National Council of the Muskogee Nation: That the law providing for election of Superintendents of Boarding Schools, found in the pamphlet edition, April, 1894, be so amended as to make the next ensuing term of their office one year instead of two.

Be it further Enacted: That after the next general election the said law shall resume its full force and virtue.

Approved October 9, 1894.

PENALTY FOR DISINTERRING THE DEAD.

---

1. *Be it Enacted by the National Council of the Muskogee Nation:* That every person who shall remove the dead body of any human being from the grave or other place of interment for the purpose of stealing the same or for the purpose of dissection or from mere wantonness, shall be deemed guilty of a misdemeanor.

2. Every person who shall purchase or receive the dead

body of any human being knowing the same to have been disinterred contrary to law, shall be guilty of a misdemeanor.

3. Every person who shall open a grave or other place of interment with the intent to remove the dead body of any human being, for the purpose of stealing the coffin or any part thereof, or the vestments or other articles or money interred with any dead body, shall be deemed guilty of a misdemeanor.

4. Persons convicted of any offense specified in the preceding sections shall be fined one hundred dollars, and in addition thereto suffer the penalty of fifty lashes on the bare back. Fifty Dollars of said fine to be paid to the heirs of the deceased and fifty dollars to be transmitted to the National Treasurer. It shall be the duty of the Prosecuting Attorneys of the several Districts to prosecute all persons violating this act.

Approved October 12, 1894.

DEBARRING ADOPTED CITIZENS FROM RECEIVING COMPENSATION FOR PROPERTY CONFISCATED.

Be it Enacted by the National Council of the Muskogee Nation: That any person making application for indemnity occurring by confiscation of property or improvements that has occurred before his or her admission to citizenship to this Nation is hereby debarred from receiving any compensation out of the National Treasury on account of said loss.

This act shall be in force from and after its approval.

Approved October 12, 1894.

AN ACT AMENDATORY OF MILEAGE FEES.

Be it Enacted by the National Council of the Muskogee Nation: That the law found on page 36, section 77, of the edition of 1893, be and-is hereby so amended as to make the mileage of the members of the National Council and the regular clerks and interpreters ten (10) cents per mile each way instead of twenty (20) cents.

Be it Enacted: That section 97, found on page 43, edition of 1893, be so amended as to allow the Clerk and Caller ten (10) cents per mile each way going to and returning from the sessions of the Supreme Court.

Be it Enacted: That section 115, on page 49, edition of 1893, be so amended as to make the mileage of jurors and witnesses in criminal cases ten (10) cents per mile going to and returning from court.

This act shall be in full force from and after the first of November, 1894, and the Principal Chief is hereby authorized and instructed to furnish the several District Judges with a copy of this act.

Approved October 16, 1894.

EACH DISTRICT COURT TO HAVE THREE SESSIONS ANNUALLY IN CRIMINAL CASES.

Be it Enacted by the National Council of the Muskogee Nation: That, for the trial of such criminal cases as may arise, each District Court shall have three sessions annnally, to commence as follows :

EUFAULA DISTRICT.

First session............................Second Monday in February.
Second session..........................First Monday in June.
Third session.............................Second Monday in November.

WEWOKA DISTRICT.

First session............................Second Monday in April.

Second session........................Third Monday in July.
Third session..........................First Monday in December.

MUSKOGEE DISTRICT.

First session..........................First Monday in January.
Second scssion........................Third Monday in May.
Third session..........................Second Monday in September.

OKMULGEE DISTRICT.

First session..........................Third Monday in March.
Second session........................First Monday in July.
Third session..........................Fourth Monday in November.

DEEP FORK DISTRICT.

Fsrst session..........................Third Monday in January.
Second session........................First Monday in May.
Third session..........................Second Monday in August.

COWETA DISTRICT.

First session..........................First Monday in February.
Second session........................First Monday in June.
Third session..........................First Monday in Novembcr.

Be it further Enacted: That should any District Judge, by sickness or other hindrance, be prevented from holding court at any time specified by this law, he shall call a session at as near that time as he may deem best; but no District Court shall sit at one session for a longer time than fifteen days; *Provided*, that murder cases may be tried at any time.

Approved October 19, 1894.

ACT CORRECTING DATE OF APPROVAL OF MARRIAGE AND DIVORCE LAW.

Be it enacted by the National Council of the Muskogee Nation: That the date of approval of the Marriage and Divorce law of the Musdogee Nation, found on pages 108 and 109 of the English compilation and codification of the Laws of the the Muskogee Nation, of 1893, is hereby declared error of print and is hereby corrected and fixed at October 22, 1881, instead of 1891.

Approved October 19, 1894.

PROVIDING PENALTY FOR WITNESSES DISOBEYING WHEN LEGALLY SUBPŒNED.

Be it Enated by the National Council of the Muskogee Nation:

SECTION 1. That if any witness shall fail to appear before the District Courts or the Supreme Court, either in criminal or civil cases, on the day on which he was subpœned to appear, he shall be fined in the sum of twenty-five ($25.00) dollars.

SEC. 2. The Judges of the District Courts and the Chief Jvstice of the Supreme Court shall assess the fines agaiust the delinquent witnesses before their respective courts, and they shall order the Light Horsemen to collect the fines, which shall be paid within ten days after the assessment is made, and no property shall be exempt from seizure and forced sale to satisfy said fine.

SEC. 3. The District Judges and the Chief Justice of the Supreme Court shall each file a bond in the penal sum of five hundred ($500.00) Dollars with the Principal Chief with approved security, conditioned that they will faithfully collect all fines due and make proper disposition of same.

SEC. 4. That all fines collected under this act by the District Judges shall be expended under their direction for the repairs and improvement of the court houses and for buying necessary furniture and fixtures for same and for building fences around the court house and other like improvements; and all fines collected by the Chief Justice of the Supreme Court shall be turned over to the National Treasurer.

SEC. 5. The Nation shall not pay the mileage and per diem of more than three witnesses in criminal cases on part of the Government and the same on part of the defendants.

SEC. 6. The District Judges and the Chief Justice of the Supreme Court shall each report annually to the National Council the amount of fines collected and the disposition made of same.

SEC. 7. Nothing herein contained shall be construed as to assess a fine against any person who fails to obey a legal subpœna by reason of sickness of himself or family.

Approved October 22, 1894.

LAND SET ASIDE FOR CREEK ORPHAN ASYLUM.

Be it Enacted by the National Council of the Muskogee Nation. That there be and is hereby set apart a tract of land, not te exceed 640 acres, for the Creek Orphan Asylum, to be used as farm, garden, orchard and pasture. Said land to be measured and set apart by the Board of Education before the first day of January, 1895.

Approved October 23, 1894.

ACT PROHIBITING ENCLOSURES WITHIN ONE-HALF MILE OF CAPITOL BUILDING.

Be it Enacted by the National Council of the Muskogee Nation. That the Light Horse Company of Muskogee District be, and they are hereby, directed to at once enforce the law prohibiting persons from enclosing fields or pastures within one-half mile of the Capitol building.

Be it further Resolved, That the Light Horsemen of said District are hereby further directed and authorized to take down and remove all fences built within one-half mile since the passage and approval of said act prohibiting such enclosure.

Approved October 6, 1894.

ACT CREATING OFFICE OF DISTRICT INSPECTORS.

Be it Enacted by the National Council of the Muskogee Nation: That there be and is hereby created the office of District Inspector, one for each of the six Districts, who shall be nominated by the Principal Chief and confirmed by the National Council, who shall hold his office for the term of two years, who shall be charged with the duty of collecting permit taxes and issuing all permits for non-citizen labor.

2. *Be it further Enacted*: That from and after the passage of this act any citizen of this Nation who shall desire to employ any non-citizen of this Nation, shall, before doing so, be rerequired to comply with the following regulations in all cases where the non.citizen is of the age of eighteen years and over: He shall first obtain a permit from the District Inspector, as specified in this act; and any citizen employing a non-citizen without first obtaining a permit shall be guilty of a misdemeanor, and the absence in the files of the Inspector's office, of a written contract or agreement between such citizen and any non-citizen found in his employ shall, for the purposes of this act, be sufficient evidence of his violation of this law and his liability to the penalty of a fine of twelve ($12.00) dollars.

3. *Be it further Enacted*: That it shall be the duty of the District Inspector to report all violations of this law to the

Judge of the District, whose duty it shall be to order his Light Horsemen to proceed at once and collect the fine imposed and turn the same into the National Treasury. He shall have and exercise all the duties and authority conferred upon the commissioners created by the act of 1893 respecting the removal of non-citizens or intruders from the Nation. The said Inspectors shall have the right to appoint each a competent clerk, who shall be a citizen of the Muskogee Nation and whose duty shall be to keep a correct record and file of all business of the office. The said Inspectors and their clerks shall receive each 25 per cent. of all moneys collected by them as compensation for their services.

4. *Be it further Enacted.* That all citizens employing the services of any non-citizen of the age of 18 years and over shall be required to pay a permit, and no permit shall be issued for a longer period than twelve (12) months. All permits shall be renewed within ten (10) days after their expiration.

The tax for common labor shall be one ($1.00) dollar per month; for mechanics one dollar and twenty-five cents; non-citizen clerks and accountants in the employ of licensed traders shall be required to pay a monthly tax of fifty (50) cents.

Any non-citizen who holds a permit under the provisions of this act shall be permitted to hold and graze upon the public domain ten (10) head of work stock and three head of milch cows and calves free of taxation, and all hogs kept and owned by such employed non-citizen shall be confined in enclosures not to exceed two (2) acres in extent; and any greater number of work or other stock found ranging on the public domain and belonging to an employed non-citizen shall subject the citizen employing him to all the pains and penalties provided in section 335 of the quarrentine laws of the Nation.

No non-citizen shall be permitted to own houses or fences of any kind within the Nation, or any interest therein; and any purchase, grant, lease or other conveyance of lands of the Muskogee Nation, or title or claim thereto given by any citizen or person claiming to be a citizen, contrary to Section 2116 of the United States Intercourse Laws, is hereby declared to be null, void and of no effect.

Be it further Enacted: That the provisions of this act shall not confer the right on a permitted non-citizen to cut and sell wood, hay, rails or boards or mine and sell coal or dispose of any of the natural products of this Nation for his personal benefit, and any violation of this law shall subject such permitted non-citizen to a forfeiture of all rights and privileges accruing under the provisions of this act, and to a forfeiture to the Nation of all such coal, timber, wood or other products.

Be it further Enacted: That each District Inspector shall, before entering upon the duties of his office, file with the National Treasurer a bond of one thousand ($1,000.00) dollars, with approved security, conditioned upon the faithful performance of his duties as herein specified, as well as an honest and prompt payment to the National Treasurer at the end of each quarter of all funds—less fees—collected from permits. He shall make a full and correct report of the business of his office quarterly to the Treasurer. If he shall fail to render his quarterly report within fifteen days after the close of any quarter, he shall be reported by the Treasurer to the Principal Chief for removal, who shall at once remove him and fill the vacancy by a temporary appointment.

The District Inspector shall also make an annual report of the business of his office to the National Council.

Be it further Enacted: That the District Inspectors are hereby required to immediately report to each other the names of all non-citizens whose permits have been by them revoked or refused, and no Inspector shall for such non-citizen issue a permit, under penalty of a forfeiture of his bond; and

Be it further Enacted: That the District Inspector shall refuse to issue a permit to any non-citizen when legal objections have been filed by any citizen, and shall revoke any permit when the party for whom the same has been issued is shown to be an unfit person to remain in our Nation and shall declare and proceed against him as an intruder.

It shall also be the duty of the District Inspector to require a written agreement between employer and employe before issuing a permit to any non-citizen, said contract to become a matter of record in the Inspector's office.

Be it further Enacted: That nothing in this act shall be so construed as to prevent the employment of teachers by the Board of Education. No property except improvements shall be exempt from payment of the fine hereby imposed for violations of the provisions of this law, and all laws and parts of laws in conflict herewith are hereby repealed.

Approved October 30, 1894.

REPEALING ACT OF COUNCIL OF NOVEMBER 6, 1893, EMPLOYING HON. L. W. COLBY.

1. *Be it Enacted by the National Council of the Muskogee Nation:* That the act of the Council of November 6, 1893, by which Hon. L. W. Colby, of Washington, D. C., was employed in certain suits pending and that may hereafter be brought in the Court of Claims or Supreme Court of the United States for Indian depredation claims, be and the same is hereby repealed, and no draft or drafts or warrant or warrants of the Nation shall be issued under provisions of said act on any account whatsoever; and the Principal Chief is hereby directed to serve due notice to said L. W. Colby of his dismissal.

Approved October 30, 1894.

AN ACT AMENDATORY TO COAL LAW.

An act amendatory to an act approved December 3, 1887, providing for the mining of coal in the Muskogee Nation for said purpose.

All minerals existing in their natural state within the limits of the Muskogee Nation are the property of said Nation and subject to its disposition and control;

Therefore, Be it Enacted by the National Council of the Muskogee Nation: That said act of December 3, 1887, is hereby made to include such as salt, oil, natural gas, medicinal waters and all other minerals except gold and silver, and such companies as may organize for the purpose of engaging in the mining of any of said minerals shall first incorporate under and in the manner provided for by the law to which this act is amendatory in so far as it may be applicable to the mining of the different variety of minerals, granting to such companies only those rights and privileges necessary to the successful operating, refining and marketing of said minerals.

The tax or royalty which shall accrue to the Nation from said mining companies, payable according to the provisions of act of December 3, 1888, shall hereafter be as follows: On all coal minerals, five cents per ton; on rock or stone, three cents per ton; on oil, four cents for each barrel of fifty gallons; on natural gas, twenty-five dollars per annum for each well from which gas is sold; and on all other minerals, five per cent. of the value of such minerals at the place of production.

All companies organizing and operating under this act and the law to which it is amendatory shall be required first to file a bond with the Principal Chief in the penal sum of not less than ten thousand dollars, conditioned upon the requirements of the law to which this act is amendatory.

All acts or parts of acts heretofore passed in conflict with this act are hereby repealed.

Approved November 5, 1894.

REGARDING PER CAPITA MONEY.

Be it Enacted by the National Council of the Muskogee Nation: That the law enacted by the National Council in 1893 session in regard to the $600,000 per capita payment is still in force.

Approved November 5, 1894.

REPLYING TO DAWES COMMISSION PROPOSITION.

Be it Resolved by the National Council: That we still believe that the Government of the United States will prove true to her many pledges and keep perfect faith with our people and will aid instead of obstruct our present form of government to the end that we may enjoy peace and happiness in our sacred home, for which we have paid full compensation.

Be it further Resolved: That we express gratitude to the United States Government for the efforts now being made to suppress all lawlessness in our country, and we hereby pledge all the assistance in our power under the law to bring the offenders to justice.

Approved November 5, 1894.

HARRELL INSTITUTE TO COMPLY WITH TERMS OF CONTRACT.

Be it Enacted by the National Council of the Muskogee Nation: That the Harrell Institute or the president thereof be notified to comply with terms of contract with the Muskogee Nation, or the Council of the Muskogee Nation will take steps to annull the same. The Principal Chief is hereby instructed to notify the president of that Institute of said action of Council.

Approved November 5, 1894.

OWNERS FINDING STRAYED PROPERTY AFTER SALE.

Be it Enacted by the National Council of the Muskogee Nation: That any person who shall at any time find his property after the same had been advertised and sold at public sale, shall be required to make satisfactory proof of his title to and ownership thereof; and when he shall furnish such satisfactory proof he shall be entitled to his property, but the same shall not be returned to him until he shall have paid all costs necessarily incurred and paid out by the Nation on account of caring for, posting and selling the same.

Be it further Enacted: That if any person shall have purchased any live stock at any public sale and the owner from whom the same may have strayed shall make proof of his ownership of the property and the same is returned to him, then the person surrendering such property shall, upon an order of the Captain of the Light Horse Company on the National Treasurer, be entitled to receive the amount of money or scrip actually paid by him in the purchase of said property.

Approved November 5, 1894.

PROHIBITING NON-CITIZENS HAVING STANDS NEAR GATHERINGS OF CITIZENS.

Be it Enacted by the National Council of the Muskogee Nation: That from and after the passage of this act it shall be unlawful for any non-citizen to establish and maintain at or near any place of entertainment or public gathering given by citizens, any stands or other conveniences for the sale, actioneering or other disposition of any kind of goods, drugs, cider or confectionery without the express consent of the people giving the entertainment, and any violation of this law shall be a sufficient cause for the revocation of any permit under which such offender may be remaining in the country.

Approved November 5, 1894.

REPORT OF S. B. DAWES ON INTRODUCTION OF FOREIGN CATTLE ADOPTED AND RATIFIED.

Be it Enacted by the National Council of the Muskogee Nation: That the report made by S. B. Dawes to the Council regarding his work in the prosecution of non-citizens for unlawful introduction of foreign cattle into the Creek country be, and the same is hereby adopted, and the contract made by the Principal Chief of this Nation with said S. B. Dawes, April 7, 1894, for his services as attorney for the Creek Nation for a period of two years from said date, at a salary of fifteen hundred dollars per annum, is hereby ratified.

Be it further Enacted: That the sum of three thousand dollars is hereby appropriated, to be paid to said S. B. Dawes by the Principal Chief of this Nation, alluding to the terms of said contract for his services as attorney for the Creek Nation for a period of two years from April 7, 1894.

Approved November 5, 1894.

PROHIBITING FOREIGN CATTLE BEING HELD IN MILE SQUARE PASTURES AND PROVIDING A PENALTY.

Be it Enacted by the National Council of the Muskogee Nation. That any citizen of the Muskogee Nation, by blood, adoption, or intermarriage, shall not have the right to introduce any cattle from the Cherokee or Choctaw Nations or any of the States or Territories for the purpose of keeping the same in one mile square pastures.

Be it further Enacted. That any person violating this act shall be subject to the fines and penalties imposed by the provisions of the quarrentine law, and it shall become the duty of the Judge of the district wherein such violation of this law occurs to direct the Light Horsemen to take down the fences surrounding the same.

Approved November 5, 1894.

DIRECTING PRINCIPAL CHIEF TO INSTRUCT DISTRICT JUDGES TO AUTHORIZE THEIR LIGHT HORSE TO ASSIST U. S. OFFICERS IN EXTERMINATING OUTLAWS, AND FOR OTHER PURPOSES.

Be it Enacted by the National Council of the Muskogee Nation: That the Principal Chief be and is hereby directed to instruct the Judges of each district to order the Light Horse Companies to assist the officers of the United States in capturing or exterminating the bands of outlaws which may be found in our Nation. The Captains of the Light Horse Companies of the several districts are hereby authorized to deputize as many citizens as may be necessary to carry out the purpose of this act.

Approved November 5, 1894.

REQUIRING THE NATIONAL TREASURER AND NATIONAL AUDITOR TO MAKE THEIR ANNUAL REPORTS TO COUNCIL WITHIN FOUR DAYS AFTER THE CONVENING OF COUNCIL.

Be it Enacted by the National Council of the Muskogee Nation. That from and after the passage of this act the National Treasurer and the National Auditor shall submit their reports to the National Council within four days after the meeting thereof in regular session.

Be it further Enacted. That if either of the above named officers shall fail to comply with the requirements of this law, his office shall be deemed to be vacant and the National Council shall proceed at once to elect their successors.

Approved November 5, 1894.

INDEX.

Este Maskoke Tvlwv Vlke

TASAHCE RVKKO 1894 MOMET

OTVOSKV RVKKV 1894 OMOF

NVKAFTE VHAKV HAHICVTE

D. C. WATSON,

TVLWV VLKE VHAKV EMETOHTVLHOECV

ETOHTVLHOECVTETOS EHOLE 1894 OMOF

MASKOKOCE ESTECATVKE EMEEKVNV
E. H. Hubbard & Co., Svnoricvlke
1894

Tasachke Rvkko 1894

VHAKV HAKVTE.

TVSEKIYV TOKO EPOHHVTESVKE.

Este Maskoke Tvlwv Vlke Nvkafte vhakv hayat; Pontvsekiyv toko heyv Etvlwv entvsekiyv etepayate omecice emetektvnecaten emenack ockv e enheckoecepvte heyv Etvlwv ofvn ocepaten vrvhecet monkat mv ohhecet nak etemoponvyeckvt akvwapketo vtekat omvlkvn heyv Etvlwv Enfvtceckv sasatet emvfastet enfvtcecetv yekcetv ocvket omet enfvtcecet omvres. Pometvlwv ofv pontvsekiyv toko epohhvtesvke pontvsekiyv etepayate omecice emetektvnike em enak ockv e en heckoecepe ocepaten oponvyeckvt akvwapket omatet pontvsekiyv vlkot oponvyecet omet monkat Este Maskoke entvsekiyvt oponvyecet omet monkat este estomis epohhvtesvke emenak ockv estomen e enheckoecvres make ocate vcvkyyen nak ockv e enheckoecepe ocephoyvte raeteropottetis nak ockv ocet oponvyecesaseto estomis Ponfvtceckv Sasatet emvfaste enfvtcecetv yekcetv ocvket omet enfvtcecet omvres. Momen hiyome eryopvs ayaten este estomvket heyv Etvlwv entvsekiyvn epayet epohhvtese hake saseto vtekat mv mome etepvkv omecice emetektvnike nak ockv e enheckoecepat omvlkvt heyv Etvlwv Enfvtceckv Sasan emelecvt omen mvt nak temeponvyeckv emvfaste, enfvtcecet omvranat vkvsvmetot omes komhoyet omvres.

Ohhvtvlake vhakv hakat; Pontvsekiyv toko epohhvtesvke hakate omecicen emenak ockvn heyv Etvlwvn asohcehoeceto vtekat omvlkvt matvpomen heyv Etvlwv emvhakv emelecvn ocet omvres.

Ohhvkvsvmkv haket os Tasahce Rvkko 6, 1894.

Otvoskv Rvkko 1894

VHAKV HAHAKVTE.

MVHAKV COKO OHHVFASTVLKE.

Este Maskoke Tvlwv Vlke Nvkafte Vhakv hayat; Mahakv Coko Rvkrakat Ohhvfastvlke asvpvklecetv ohhetemvrkv etetakoece vhakv cokv estvskocvkose Tasahce Rvkko 1894 svhotophoyvte ofv ocat semvhericat mocv ohrvfike ayat enwiketv sehokat ohrolope hvmken maket, ohrolope hokkole makat vyoposken ha[illegible]os.

Ohhvtvlake vhakv hakat; Mocv Temvrkv Rvkko ohce eryopv ayat enhomv vhakv make ocat enyekce emonket vyvres.

Ohhvkvsamet os Otvoskv Rvko 9, 1894.

ESTE ENHOPELKV EMVHAKV.

SETENTVCKE 1. Este Maskoke Tvlwv Vlke Nvkafte vhakv hayat; Este estomis horkopetv esvrahkvtot monkat nvtahlecetv esvrahkvtot monkat vnaorketv koman vtekosis este elv enan Enhopelkvtot monkat rem etv estometis vranayvkvten vkoeyicet on omat naorkvt os komhoyet omvres.

SET. 2. Este estomis este elv enan vhakv vcvkvyekon

enhopelkv a ossihocet omat kerret omatet neset monkat est eme enakoecet on omat naorkvt hvlvtket omvres.

SET. 3. Este estomis este elv ena estomen enhopelkvn monkat remetv estome vrvnahoyvten enhvwecet omatet este elv entohahvwv monkat nake mv ohhohocvtetot monkat nanvke remetvtot monkat ematcvketis monkat cvtoknawvtis este elv vpahoyvten horkopetv komet omvten omat naorkvt hvlvtkes komhoyet omvres.

SET. 4. Este estomvken heyv ehomv setentvcke ocakat ofv vhakv kvchv eskerkvke ocakat estomen emmvtten senfvtcehocet on omat cvtoknawv cokpe hvmken feyihcet, era enakayen miyatkv pale cahkepen rokafhoyet omvres. Mv feyihocat cvtoknawv pale cahkepan mv este elv ecat vwolicvn enfeket cvtoknawv pale cahkepan Tvlwv Vlke Encvtoknap Hoten ohceyihocet omvres. Kvnwarke mvrahrvkv sasat vhakv mvnicvlket mv vhakv okaten este estomvket kacat vtekat oponvyecet omvres.

Ohhvkvsamet os Otvoskv Rvkko enneta 12, 1894.

HVTE TVSEKIYV HAKEKO NAK ENWIHOYVTE.

Este Maskoke Tvlwv Vlke Nvkafte vhakv hayat: Este estomet hvte e ohhvpvke hahoyekofvn monkat heyv Etvlwv entvsekiyv aceyihoceko monkofvtis nake emenak ockvtot monkat emvtotketvtis ohhoehketvn enwiehoyvtet omen mv momvte feketvn vpohesaset on omat mv nak yvmahkat vcvkkvye Tvlwv Vlke Encvtoknap hotte a osse feketv enheckvre hiyomat sentacket os.

Heyv vhakv Mekkot ohhvkvsaman vteket renyopv ayat enyekce ohcet vyvres.

Ohhvkvsamet os Otvoskv Rvkko ennetta 12, 1894.

VKERKV VRAHKV EMVHERICAT.

Este Maskoke Tvlwv Vlke Nvkafte vhakv hayat; Maskoke oponvkv vhakv cokv etorofv emvhvnkvtkv (28) Setentvcke (77) ofv vhakv ocat semvhericat Tvlwv Vlke Ennvkvftetv cokovtehkvlke momet Encokvhayvlke momet Enyvtekvlke esyomat vkerkv vrahkv enfeketv hoporrenkv pale hokkolen (20) make ocat vyoposke hoporrenkv palet (10) estvmi vlkis maket haket os.

Vhakv hakat; Maskok oponvkv vhakv cokv Setentvcke (97) cokv etorofv emvhvnkvtkv (32) ofv ocat semvhericat cokv-hayv momet emenhoehkv tepakat Fetceev Hvlwe Ennvkvftetv vhoye momet erafolhokat estvmi vlkis vkerkv hvmkat enfeketv hoporrenkv (10) palen maket hiyomat haket os.

Vhakv hakat; Setentvcke (115) cokv etorofv emvnvnkvtkv (38) Maskok oponvkv vhakv cokv ofv colvlke momet akerrvlke este svlvfke ennvkvftetv vrahkv follat Fvteeckv Coko ohhvpeye momet erafolecat vkerkv vrahkv enfeketv semvhericat vkerkv hvmkat hoporrenkv palen (10) maken hiyomat hayet os.

Heyv vhakv Ehole ennetta enhvteceskv ohrolope 1894 vteke eryopv ayan enyekce esfvcken ohcet vyvres momen Tvlwv Vlke Emmekkot heyv vhakv etohtvlhoecvkvten Kvnwvrke Enfvteecvlken svwahlvren hiyomat yekcetv emet enkerkoecet os.

Ohhvkvsamet os Otvoskv Rvkko ennetta 16, 1894: omof.

KVNTVCKV FVTCECKV OHROLOP OMVLKV SVLVFKE ENNVKVFTETV TOTCENE HAYAT.

Este Maskoke Tvlwv Vlke Nvkafte vhakv hayat: Este Svlvfke emvfvstetv ocake vyecice enfvteecvranat ohrolop omvlkvn vtotcenv nvkaftet omvres Kvntvckv Enfvtceckv Svrahrvkvt. hiyomvken vlicehcet.

YOFALA KVNTVCKV.

Enhvteceskv Nvkfatat—Hotvle Hvse Mvnte Svhokkolat.
Svhokkole " Kvco Hvse " Enhvteceskv.
Svtotcene " Ehole " Svhokkolat.

OEWOHKV KVNTVCKV.

Enhvteceskv Nvkaftat—Tasahce Rvkko Mvnte Svhokkolat.
Svhokkole " Hiyoce " Svtotcenat.
Svtotcene " Rvfo Rvkko " Enhvteceskv.

MASKOKE KVNTVCKV.

Enhvteceskv Nvkaftat—Rvfocose Mvnte Enhvteceskv.
Svhokkole " Ke Hvse " Svtotcenat.
Svtotcenat " Otvoskoce " Svhokkolat.

OKMOLKE KVNTVCKV.

Enhvteceskv Nvkaftat—Tasahcoce Mvnte Svtotcenat.
Svhokkole " Hiyoce " Enhvteceskv.
Svtotcene " Ehole " Sostat.

HVTCE SOFKE KVNTVCKV.

Enhvteceskv Nvkaftat—Rvfocose Mvnte Svtotcenat.
Svhokkolv " Ke Hvse " Enhvteceskv.
Svtotcenat " Hiyo Rvkko " Svhokkolat.

KV́WETV́ KVNTVCKV.

Enhvteceskv Nvkaftat—Hotvle Hvse Mvnte Enhvteceskv.
Svhokkole " Kvco Hvse Mvnte Enhvteceskv.
Svtotcene " Ehole " Enhvteceskv.

Ohhvtvlake vhakv hakat: Kvntvckv Fvteecv estomet estofvn nvkvfteevres heyv vhakv make eskerkvke ocan enokketvtis monkat nake remetvtis emvnvtecen nvkvftecekot mvttecicet on omat mv oketv emvnakoece estomosen momece tayat nvkvftetv hoehket omvres estvmvt tetayes komat, momis Fvteekv nvkvftetv estomet netta pale cahkepohkakat senhoyvne nvkvftetv hvmkosat vpokekot omvres. Momet Semvhericat este-elecv tawvn estofvto estomis momvr tayet ocat emvfvshotet omvres.

Otvoskv Rvkko ennetta 18, 1894. Ohhvkvsvmkv haket os.

ETEPVYETV ETEWIKETV EMVHERICAT.

Este Maskoke Tvlwv Vlke Nvkafte vhakv hayat: Etepvyetv momet Etewiketv emvhakv vhakv cokv Wvcen oponvkv ohrolope 1893 svnoricvkvte cokv etorofv emvhvnkvtkv 108 momet 109 tepakate vhakv ocate ohhvkvsvmkv hakvte ohrolope emvhvnkvtkv ocat etehosken svnorihocvtet omen hiyomat Otvoskv Rvkko ennetta 22 ohrolope 1881 hayet emvhericet os.

Otvoskv Rvkko ennetta 19, 1894, Ohhvkvsamet os.

AKERRVLKE AVWEKAT FEYICKV.

SETENTVCKE 1. Akerrv estomet Kvntvckv Fvtceckv ehomvtot monkat Fvtceckv Hvlwe ehomvto estomis naorketv oponvyeckv vrahkvtot monkat etoponvyecvlke vrahkvto estomis netta estvmvn hoereckvres kicet ohhoehketv enkerkoehocvtet omatet mv nettvn yehoerekot mvtteciect on omat cvtoknawv Pale Hokkolen Cahkepohkaken ($25.00) fekepoehocet omvres.

SET. 2. Kvntvckv Enfvtcecvlke momet Fvtcecv Hvlwe Ohliketv Emohlikv esyomat Enfvtceckv svrahrvkvt mv mome akerrvlke emvtotketv emvttecihce sehokat fekepoecetv enrahkv emenrvhecaket omvres, momet mv emenrvl ehohce renyopv netta palat aemofvn Corvkkohkvlken ohtoten feyicaket omvres, momen mv feyickv nak ockv estomepeto estomis encawe wiyetv ohyekcicetv sentvckat sekot omvres.

SET. 3. Fvtceevlke momet Fvtceev Hvlwvlke Ohliketv Emohlikv esyomat svrahrvkvt estefeyickv ocat vteket vfekevkhet omvlkvn feyvkoecet omvranat svrahkvt cokv sehvlvtkv enrahkv Cvtoknawv Cokpe Cahkepen ($500.00) ehvlvtepoece vlket ohhvkvsvmvkvten aensehokv ocvket Tvlwv Vlke Emmekkon etenhayaket omvres.

SET. 4. Kvntvckv Fvtceevlke heyv vhakv emelecv estefeyickv feyicat estomet omekvs eme makakate vcvkvyen Fvtceckv Coko Semvherickv momet mv vlvce ohhvtotketv momet nak coko-ofvtehkv momakvrtayat esnesetv momet mata nak semvherickv esnesetvtot momet Fvtceckv Coko entohopkickv esfeketvtot nak remetv vtotketv mv omakan sohyvmahkoecaket omvres; momen Fvtçecv Hvlwe Ohliketv Emohlikv estefeyicat Tvlwv Vlke Encvtoknap Hoten ohrvkpalet omvres.

SET. 5. Svlvfke nak emvfvshote akerrvlke vfollat Tvlwv Vlke vrahkvtat vkerrvlke totcenat senhoyanat vkerkv vrahkv momet netta vrahkv Tvlwv Vlke enfekekot omvres momen evnice sehokatew matvpomet omvres.

SET. 6. Kvntvckv Fvtceevlke momet Fvtceev Hvlwe Ohliketv Emohlikv esyomat svrahrvkvt estomomosen estefeyicaket estomecvte ohrolop omvlkvn Tvlwv Vlke Nvkaftan em-e-ohkerkoecet omvres.

SET. 7. Este estomen ohhoehketv vhakv vcvkvyen enkerkoehocvteto estomis coko temvtehkat ennokketv emocate omecicen ohhoehketv mvttecicet on omat heyv vhakv ofv feyickv emenrvhehoce taye sekot omvres.

Otvoskv Rvkko ennetta 22, 1894, Ohhvkvsamet os.

ESTECATE ECKE-MELLE EKVNV ENFIYECICAT.

Este Maskoke Tvlwv Vlke Nvkafte vhakv hayat: Este Cate Ecke-melle Mvhakv Cokon ekvnv Satke cokpe epaken pale oste vpakat (640) senhoyvnekon, senkerkoecet os, cvpofvtot, nak vhockoce hakvtot, pvkanv omakis rvfecetvtot momet vpoek ennanopkv hayetv yomakat svrahkvn. Mv ekvnv makat Cokv Mvhakv Ohhvketecvlket ohrolope 1895 Rvfo Cose netta enhvteceskv oreko monken vhopahyet senkerkoecvres.

Otvoskv Rvkko 23, 1894, Ohhvkvsamet os.

VPOEK HOTTE EMVHVNKVTKT KERKOECVRANAT.

Montos Este Maskoke Etvlwv enhonrkv e-emocet kakvre esvrahkvtat cvtoknawv estomvket enhecket vyecicet omat vheericet vketecet omvr tayet ont onkv.

Hiyomat vkerrickv hayat:

SETENTVCKE 1. Etvlwv encokfvlvwv vhakv em maketv vcvkvye etenfvtcetv emelecv pontvsekiyv hvlvthice vpoek-hotte ocakat nvcomet omat emvhvnkvtkvn momet mv epocasvke este hocefhokvn monkat emetohkvlketv hocefhokvn Tvlwv Vlke Nvkvftan Tvlwv Vlke Emmekkot esenheckoecvren empohet os.

SET. 2. Momen Cvtoknap Vfastvt Tvlwv Vlke Etenfvtcetv hahicvte emelecv hvlvthice vpoek-hotte epocasvke vhakv emelecv mv vpoek-hotte ohfekvranvte estomomoset ohfekvketat enhocefhokvn, momet estitvket ohfekvkekot mont estomomoset feketv esyopvklvtketot omatew enhocefhokvn Tvlwv Vlke Nvkvftan senheckoecvren.

SET. 3. Momen vhakv-mvnicvlke svrahrvkvt vpoek-hotte

vkerkv pale entvphe ocakat aemofv vpoek-hotte vkerkv hvmke folotke sasat resenrvkrvke vpoek-hotte sasat emvhvnkvtkvn momet mv vpoek-hotte momakat epocasvke mv vpoek-hotte hvlvthice sasat enhocefhokvn Tvlwv Vlke Nvkvftan em-ohkerkoecvren.

SET. 4. Momen Kvmesenvlket vpoek-hotte vkerkv pale entvphe ocakat aemofv vpoek-hotte vkerkv hvmke follotke sasat resenrvkrvke sasat nvcomet omat momet estvmvn lomlohet omvkat mont mv vpoek hote momakat estvtaket epocasvket omakat enhocefhokv esyoman Tvlwv Vlken Nvkaftan emohkerkoecvren.

Otvoskv Rvkko ennetta 29, 1894, Ohhvkvsvmkv haket os.

NVKVFTETV COKO EMVNAKV VKERKV NVRKVPV.

Este Maskoke Tvlwv Vlke Nvkafte vkerrickv hayat: Tvlwv Vlke Ennvkvftetv-Coko mvnakv vkerkv-nvrkvpv aemofv cvpofv monkat vpoek-hottetis entohopkihoceko taye estvcke vhakv ocan hiyomat vhvmkocvn Okmolke Kvntvckv Corrvkkohkakv-folle-hvmkatet ohyekcicvren emvcahnet os.

Ohhvtvlake vkerrickv hakat: Mv vhakv mv mome enfolothoyekare estvcke ocat eshoyahne ohhvkvsvmkv hahkofv enyopv vkerkv nvrkvpv oemofv entohopkihocvte sasat omvlkvn mv Ekvntvckv okat Encorvkkohkakvt tohopke hvtvphoecet vkoehocvren ohhvtvlakat mvcahnet yekcetv emet os.

Otvoskv Rvkko ennetta 6, 1894, Ohhvkvsamv haket os.

PVMETKV OHFEYICVLKE.

Este Maskoke Tvlwv Vlke Nvkafte vhakv hayat:

SETENTVCKE 1. Hiyomat Ekvnwarke epakat (6) svrahrvkvt Ekvntvcke Ohhvketecv Enwiketvt haketos, Tvlwv Vlke Emmekkot este ohmellen Tvlwv Vlke Nvkvftet semohhvkvsamet omvres, momen emvtotketv tvsekvyvtoko vtotkvlken (Pvmet) cokvn semossicet mv ohfvtcv feyickvn feyvkoecet ohrolope hokkolen Enwiketv sehoket omvres.

SET. 2. Ohhvtvlake vhakat: Heyv vhakv eshoyahne eryopvn, heyv Etvlwv entvsekiyv estomis tvsekiyv tokon pvletvn eyacen omat hvte momeceko monket, mv tvsekiyv tokatet emvcolkv ohrolope palen cenvpohkicet (18) momet hoyvnecicetis ont on omattan, heyv vwiheke vhakv estome enfiyatate vcvkvyen momecet omvres. Enhvteceskv heyv vhakv estome makate vcvkvyen (Pvmet) cokvn Kvntvckv Ohhvketecvn empohhen enhecike tvlken omet omvres; momen tvsekiyv estomet (Pvmet) cokv heckoeceko monkvt tvsekiyv tokon palet on omat naorket omvres, momen tvsekiyv estomet tvsekiyvtokon pvlet ont omatet etenfvtcetv etenhayat cokv esohcoyvkvtet Kvntvckv Ohhvketecv ennak-vfvstetv ofvn eskerkvt sekot omen eshechoyet on omat, heyv-vhakv emeyackv vcvkvyetat vhakvn kvcetot omat asfvtceckv oricet omen cvtoknawv pa'len hokkolohkaken ($12.00) fekvranat tvlket omvres.

SET. 3. Ohhvtvlake vhakv hakat: Heyv vhakvn kvchoyeto vtekat Kvntvckv Fvtcecvn enkerkoecen em encorvkkohkakvn ohtohken mv estefeyickv vhvmkocvn estefeyvkoecet Tvlwv vlke Encvtoknap Hotten ohceyicvranen Kvntvckv ohhvketecv emvtotketvt omvres. Kvmesvnvlke tvsekiyv tokat sossicvranat esvtotketv yekcetv em-me vhakv ohrolope 1893 omof hakvte ocaten omvlkvn Kvntvckv Ohhvketecvlke esvtotket omvres. Kvntvckv Ohhvketecvlke svrahrvkvt Este Maskoke entvsekiyv este momvr tayan encokv hayv ohmellepvre emetektvnkvket omvres, momen mv cokv.hayvlke emvtotketv mv enwiketv ofv nak vfvstetv ocake vyecicaten omvlkvn fvtcv heren eskerkv hahicet ocet omvres. Mv Cokv Hayvlke momen Kvntvckv ohhvketecvlke esyomat svrahrvkvt estefeyvkoece cvtoknawv eshec-kat cvtoknawv hvmkat kvnsatkv hvmkv aosset emvtotketv senfeketv enheckaket omvres.

SET. 4. Ohhvtvlake vhakv hakat: Tvsekiyv estomis tvsekiyv toko vtotkvn emvcolkv ohrolope palen cenvpohkicet momet senhoyvnecicetis palet on omat Pvmetkvn ohfeke vlket omvres, momen Pvmetkv estomen enhofone hvse pale hokkolohkakat senhoyvne ossihocekot omvres. Pvmetkv vtekat oketv respohye enyopv netta palat a emofvn rohmocvsvkoehocet omvres.

Cvpofv ohhvtotkvlke omakat hvse vrahkv cvtoknawv hvmken momet coko hayvlke omvke vyecicat hvse vrahkv cvtoknawv hvmken Kvnsatkv hvmken fehoket omvres. Momen ohrolope vrahkv eohfeke nak wieyvlke sasat tvsekiyv toko esnesvlke pvle svpakletayat hvse vrahkv kvnsatkv hokkolen fekaket omvres. Tvsekiyv toko heyv vhakv emelecv Pvmetkv ocvke sasat vpoekvtotkvlket palen wakv eckvlke pesse-hafkvt estotcenan esyomat ohfehetv sekon ekvnv tvleme ohfekhoncicepe ohnanopicepvre emetektvnket omvres. Momen mv mome tvsekiyv toko pvlhoye sehokat sokhv estomomosen ocaken omat ekvnv enrvkke satke hokkolat senhoyvnekon entohopkicet emvkhotken mvn vtehet omvres, momen vpoek vtotkvtot, remetvto estomis ensolke resemontvlet mv tvsekiyv toko pvlhoye sehokat enaket ekvnv tvlemen ohfollen hechoyet on omat Etvlwv emvhakv vpoekv ascehoeckv emvhakv setentvcke emvhvnkvtkv 335 ocatet mv tvsekiyv este vtotkv pvlle hoeran hvlvtet omvres.

Ohhvtvlake vhakv hakat: Tvsekiyv toko estomet coko momet tohopke estomepeto estomis epocasvre emetektvnkekot mont vpvlwoseto estomis a vlikekot omvres; momen Este Maskoke Etvlwv emekvnv estomen tvsekiyvtot monkat tvsekiyv toyis makis aresaset omen enneshoyetot, monkat estenwiketot, monkat estomen ekvnv hvlvte ometot, monkat estomen epocase oket estohrvkpvletis ocet on omat Estecake vrahkv Wvcenv emvhakv setentvcke emvhvnkvtkv 2116 ocaten vnrvpct omet enyekce esekot stomeckv orekot enhvperkvt omvres kometvt os hiyomat.

Ohhvtvlake vhakv hakat: Heyv vhakv emvheckv ocakat tvsekiyv toko Pvmetkv ocake sasat etotis monkat pvhetis wocotet, monkat tofvlahletis momet toselkv omakat hayet, monkat cvtto-kolkvtis enkorret, monkat Etvlwv ofv nak emmonkv lokce sasat emettetis eme mahosat esevnicepvranat wieyepvretat emetektvnecekot omvres, momen heyv vhakv emvheckv ocakvn estomen kvchoyet on omat mv mome Pvmetkv oce este tvsekiyv toko hoervte heyv vhakv emvheckv acakat emelecv nake etektvnke enhahice ocakvte omvlkvt emenhvperken mv nanvke cvta-kolkv, eto, momet nak remetvkv heckoecvte omvlkvn Etvlwvn ohfolhoecet omures.

Ohhvtvlake vhakv hakat: Kvntvckv Ohhvketecvlke Enwiketv emvtotketv esohceyeko monket heyv vhakv ofv estomet omvres make ocakat vcvkvye ore heren vfekcvkhe taranat tot momet Pvmetkv estohfeyicat enhotoska vrahkv enfeketv a ossicehpe ervhoskat omvlkvn Kowatv emeyoksat vtekat Cvtoknap vfastv fatcosen ahelvpket a enfeket omvranat svrahkvt Cokv Sehvlvtkv enrahkv cvtoknawv Cokpe Rvkko Hvmken ($1000.00) ehvlvtepoecet a-en sehokv emohhvkvsvmhoye ocet Tvlwv Vlke Encvtoknap vfastvn etenhayaket omvres. Momet Kowatv svrahrvkvn Enwiketv emvtotketv esfackosen fvtcv heren Cvtoknap vfastvn eme ohkerkoecet omvres. Kowatv vrahkv e ohkerkoecvranvtet momecekon Kowatv emeyokise enyopv netta palen cahkepohkakat hoyanet on omat Catoknap Vfastvt Tvlwv Vlke Emmekkon enkerkoecen vhvmkocvn ossihcet mv etektvnkan vkocoknose ohmelletvn esohfvcecet omvranen emvtotketvt omvres. Kvntvckv Ohhvketecv Enwiketv ofv emvtotketv estomake vyecicat ohrolop omvlkvn Tvlwv Vlke Nvkaftan em eyoh kerkoecet omvres.

Ohhvtvlake vhakv hakat: Kvn warke Svrahrvkvt Kvntvckv

Ohhvketecvlketat tvsekiyv toko estomvken Pvmetkv emenhvperkoecet monkat emencaken omat mv momecan'vpakoset lvpken enhocefhokvn etemoh-kerkoe-caket omvres. Momet mv mome tvsekiyv toko vnrvpkv enhahoye sehokat Kvntvckv ohhvketecv estomet Pvmetkv emossicekot omvres, momis mvn emossicesaset on omat Cokv Sehvlvtkv hayvtet afeket omvres.

Ohhvtvlake vhakv hakat: Tvsekiyv estomet tvsekiyv toko estomen vhakv vcvkvyen esvnrvpkvn enhayvten eskerkv hayvkvtet ocet on omat Pvmetkv emossihocekot omvres, momen este tvsekiyv toko estomen Pvmetkv emossihocet omvteto estomis mv este pometvlwv ofv ohfekhonne taye enherre orekot omvteton kerket on omat Pvmetkv emenhvperkoehocet omvres momet mv este Etvlwv vyvmahkv omen ohnekehohoyet omvres.

Tvsekiyv este vtotkv pale hoerat momen tvsekiyv toko vtotkv pvlhoye hoerat etenfvtcetv etenhayat cokv escoyvkvten Kvntvckv Ohhvketecvt hayepoecaket omvres hvte mv tvsekiyv tokat Pvmetkv emossiceko monket momen mv etenfvtcetv Kvntvckv ohhvketecv en nak vfvstetv ofvn eskerkoecvket ocet omvres.

Ohhvtvlake vhakv hakat: Mvhakv-coko Ohhvketecvlke cokv-mvhayvlke pvlepvre heyv vhakv ofv naket emvnvttecekot omvres. Este emenak ockv estomet este emvtotketv hayepe ocepat toko vtekat heyv vhakv emvheckv acakat emelec estefeyickv este ohwakketo vtekat encawe sohfehokvre esentvckat sekot omvres, momen vhakv omvlkvtot monkat vhakv vpvlwosetis heyv vhakvn vnrvpet sasen omat hiyomat omvlkvt kvceket os.

Otvoskv Rvkko ennetta 30, 1894, Ohhvkvsvmkv haket os.

EHOLE ENT. 6, 1893, TVLWV VLKE NVKVFVE HON. L. W. COLBY VHAKV HAYV PALE VHAKV HAYVTE ELECAT.

Este Maskoke Tvlwv Vlke Nvkatte vhakv hayat: Ehole ennetta 6, ohrolope 1893 omof Tvlwv Vlke Nvkvftet vhakvn eshayet Hon. L. W. Colby hocefke Wasentv Etvlwv ofv liken Estecatvke naorketv hayvte oponvyeckv etetakoehoce ocat tot momet hiyome renyopvtis mv oponvyeckv omat ehomvtot monkat Wvcenv Enfvtceckv Hvlwe ehomvtis akvwvphoyewitis oceton omat mvn emvhakv hayvt omet emoponvyvren palvte ocat hiyomat aslet os momen Etvlwv encvtoknap escvwkv hvmkoset momet vnvcometo estomis mv vhakv okat emelecv nak estomepen svkerrickvto estomis sossihocekot omvres momen Tvlwv Vlke Emmekkot mv L. W. Colby vfekhonnicet omhoyat heren enkerkoecvren enkerkoecet os.

Otvoskv Rvkko ennetta 30, 1894, Ohhvkvsvmkv haket os.

CATO-KOLKV EMVHAKV EMVHERICAT.

Cvtokolkv enkorretv esvrahkvn Este Maskoke Emetvlwv ofv cvtokolkv enkorretv etetakoece Rvfo Rvkko ennetta 5, 1887, omofv vhakv ohhvkvsvmkv hakvte ocan semvhericet vhakvt haket os.

Este Maskoke Emetvlwv ofv okcvnwv oekiewvtot oeki'nehatot, kolke eshayetvtot, eowv heleswvtot momet nak remetv omakat, cvtoknap lane momet cvtoknap hvtke toko vtekat omvlkvt Etvlwv em enak ockvt omen wieyepet komat estomen komat enfiyvtepe tayet omekv.

Hiyomat

Este Maskoke Tvlwv Vlke Nvkafte vhakv hayat: Mv vhakv Rvfo Rvkko ennetta 3, 1887 omofv hakvte tat hiyomat okcvnwv, oeki-neha, kolke eshakv, oeki-heleswv momet nak rem etv omakat catoknap lane momet cvtoknap hvtke toko vtekat omvlkvn svpvken hayet os, heyv onvpv nanvke makan estomaten vrvhecet enkorretvn komet emetohkvlketvn hahihocet on omat enhvteceskv heyv vhakv emvherice vhakv likat ofv nanvke estomakan esvrahrvkv svheckv ocakate vcvkvyen eeteta-koehce tvlket omvres, momet estvmvn vteken estomece eteta-koece mv nanvke emvhericet wieyet omvranat emetektvnecan vteken omet omvres. Mv emetohkvlketv haye enkorrvlke sehokat Tvlwv Vlke ohhvyecicvranat vhakv Rvfo Rvkko ennetta 3, 1887 hakvte vhakv emvheckv ocakat vcvkvyetat mocv ayat hiyomvken ohfekaket omvres: cvtto-kolkv vtarkv cokpe-rvkko hokkolat hoporrenkv cahkepet omvres, cvtto-sokpvt vtarkv cokpe-rvkko hokkolat hoporrenkv totcenet omvres; ekvnv nehat vkerkv pale cahkepice towvnvk' hamkat hoporrenkv ostet omvres; kolke eshayetv enkorkv svrahrvkv wiehoyat ohrolope vrahkv cvtoknawv pale hokkolen cahkepohket omvres; momen nak remetv ayat estvmvn heckoehocet omen mv-mvn enrahkat estomosen omat cvtoknawv hvmkat hoporrenkv cahkepe aosset omvres.

Heyv vhakvtot momet heyv vhakv emvherice vhakv ocat emelecv emetohkvlketv ehahicat heyv vhakv emvherice vhakv ocat emeyackv vcvkvyen enhvteceskvtat cokv Sehvlvtkv enrahkv cvtoknawv cokpe-rvkko palat asenyopvklvtkekon ehvlvte-poecvket Tvlwv Vlke Emmekkon etenhayaket omvres.

Vhakv omvlketot monkat vhakv vpvlwosetis enhomv haha-kvtet heyv vhakvn vnrvpet sasen omat omvlkvt hiyomat kvceket os.

Ehole ennetta 5, 1894, Ohhvkvsvmkv haket os.

EKV FEKETV OHFVTCV.

Este Maskoke Tvlwv Vlke Nvkafte vkerrickv hayat: Tvlwv Vlke Nvkafte ekv-feketv ohfvtcv cvtoknawv cokpe rvkko cokpe epake ohrolape 1893 omofv vhakv eshayvte hiyomat enyekce oce monkvt os.

Ehole ennetta 5, 1894, Ohhvkvsamet os.

ESTE MASKOKE SEMVPEYETV EMVRAHKVRE VKVSVMEKAT.

Este Maskoke Tvlwv Vlke Nvkafte vkerrickv hayat: Hiyome pohotte enrvhkv esfvcke fekeyvte vnokeckv emoceye herkv momet afvcketv emofvn vtehtekepeye emeyoksiceyvre svrahkvtat hiyome pomvhakv espomvpvyetv po-men-mv-rah-koe-ce-tvn kont omekot pomvpeyecet pomeste enhonrkv temvpoken emoce tare svrahkvtat Wvcenv Enrvkrakv etenfvtcetv vnvcome ehvlvtepoece potenhayvte fvtcvtos komet mvn vsehoket emonkvt ometis os komeyetot enhonrkv emocet ohhvkvsvmeye monkvt os.

Ohhvtvlake vkerrickv hakat: Hiyome pomekvnv ofv vhakv kacvlke omvlkv ohwetenike vfekhonnicetv kome Wvcenv Enrvkrakv vceyvllat ore hcren esepofvcket omet emeyohkerkoeceyetos momet vhakv emelecv ponyekce vtekat vhakv vnrapvlke vhakv svfvshotvre vnicetv vkvsvmeyet omet ekerkoeceyet os.

Ehole ennetta 5, 1894, Ohhvkvsvmkv haket os.

HARRELL INSTITUTE OHHVFVSTV TENFVTCETV VHOERVRE.

Este Maskoke Tvlwv Vlke Nvkafte vhakv hayat: Harrell

Institute svhocefke Maskokoce Etvlwv ofv Mahakv Coko rvkke likat Ohhvfastv Este Maskoke Etvlwv etenfvtcetv etenhayvte ocatet vcvkvyen vhoeret omvren enkerkoehocvranet os. Tvlwv Vlke Nvkvfte heyv vhakv hayan Tvlwv Vlke Emmekkot Mvhakv Cokv Ohhvfastvn enkerkoecvren enkerkoecet os.

Ehole ennetta 5, 1894, Óhhvkvsvmkv haket os.

VPOEK-SOMKVE OHWIEYEPHOHY ENYOPV EPOCAS EHECAT.

Este Maskoke Tvlwv Vlke Nvkafte vhakv hayat: Este estomet estofvto estomis vpoek-somkvn estvlemoehcet mont tvleme ohhoehketvn wieyephoye enyopvn emvpoekvn eshecepet on omat mv vpoekv enaket omen fvtcvn hvlvtepe heret omat asfvtceckv momvr tayen heckoecvranet omvres momen mv asfvtceckv moman heckoecepet on omat emvpoekv hvlvtepe here oret omvres momis mv vpoekv ohfvtcv eskerkvtis hake vfvstetvtis oce aye wiehoyvte estomomosen Etvlwv ohfvtcv feket vyecicet esohyvmahkoehocet omvten omat enrahkv omvlkvn ohfehke tvlken mv vpoekv a ohfolket omvres.

Ohhvtvlake vhakv hakat: Este estomet vpoek-somkvn ohhoehketvn wiehoyen nesvteton epocaset mv vpoekv ensomkvtet omvteton enaketot omat asfvtceckvn heckoecehpet ohmen mv vpoekv epocasen yohfolkepet on omat mv vpoekv estemenrecopke hoerat estomomosen cvtoknawvtot monkat Tvlwv Vlke encvtoknawv ohhece cokvtis esneset omvten omat mv ohfekvte enrahkv Corvkkohkakv Enkvpetvnet Tvlwv Vlke Encvtoknap Vfastv ohhecen cokvn ehmen mv vpoekv esnesvte aohfolkepet omvres.

Ehole enneta 5, 1894, Ohhvkvsvmkv haket os.

TVSEKIYV NVKVFTEPAT EMVNAKV TVSEVIYV TOKAT NAK WIEKOCV ESSVPVK-LVRE SENTACKAT.

Este Maskoke Tvlwv Vlke Nvkafte vhakv hayat: Heyv vhakv eshoyahne eryopv ayat tvsekiyv nvkvftetis hompetv cokotot monkat nak estome seafvcecickv estomis etetakoecepe ocepat emvnakv tvsekiyv toko estomet mv este mome follepatet semvkvsvmet omekoto vtekat nak wikocv nakocetot, heleswvtot, oetoksetot monkat nak cvmcvposetis wieye assvplvretat vhakv vcvkvyekot omvres, momen heyv vhakvn kvchoyet on omat mv este vhakv kvce hoerat pvmetkv estomet etvlwv ofv vfekhonnvre emetektvnecet omen hoeret omvten omat emenhvperkoehocvre seokepkv heret omvres.

Ehole ennetta 5, 1894 Ohhvkvsvmkv haket os.

S. B. DAWES VHAKV HAYV 'TVLEPORV ENWAKV ASCEHOEHOCAT OHFVTCV EOHKERECE OHHVKVSVMHOYAT.

Este Maskoke Tvlwv Vlke Nvkafte vhakv hayat: S. B. Dawes vhakv hayv Este Maskoke emekvnv vhakv vcvkvyeko tvleporv enwakv ascehoehocat vrahkv este tvsekiyv tokat oponv-yeckv hayvte emvtotketv eohkerkoecat eenakoehcet, momet Tasahce Rvkko ennetta 7, 1894 omofv Tvlwv Vlke Emmekko etenfvtcetv mv S. B. Dawes hocefkat etenhaye Este Maskoke Emetvlwv emvhakvhayv ohrolope hokkolen hoeret ohrolope hvmkat vrahkv cvtoknawv cokpe rvkko hvmken cokpe cahkepe vpake emvtotketv svrahkv enfeketv taranet tenfatcvte hiyomat ohhvkvsamet os.

Ohhvtvlake vhakv hayat: Tvlwv Vlke Emmekkot mv S. B.

Dawes hocefkan cotoknawv cokpe rvkko totcenen aenfekvranen enfvyecicet os mv etenfvtcetv etenhayvte ohhecen Este Maskoke Etvlwv. emvhakv-hayv emvtotketv tasahce rvkko ennetta 7, 1894 vteke vtecice ohrolope hokkole esiyvranan.

Ehole ennetta 5, 1894 Ohhvkvsvmkv haket os.

WAKV ETVLWV ASCEHOECKV ESTACKAT.

Este Maskoke Tvlwv Vlke Nvkafte vhakv hakat: Ecatv vcvkvye Este Maskoke Etvlwv entvsekvyv estometot, monkat eyohhvpvke hahoyvtetot, monkat ohhvteseto estomis Cvlvkke Emetvlwv monkat Cahtv Emetvlwvtot monkat Wvcenv Emetvlwv estvmvn asosseto estomis wakv estomen vpoek-hotte vkerkv hvmke follotkat vtehkvre svrahkv ascehoecvre emetektvnkekot omvres.

Ohhvtvlake vhakv hakat: Este estomet heyv vhakvn kacet on omat vpoekv ascehoeckv estvcketv vhakv ocate ofv estefeyickv ocatet ohwvkket omen mont estvmv Kvntvckvn ofvn heyv vhakv kvchoyet on omat mv Enfvtcecvt Corrvkkohkakvn emvcvhinen mv tohopke semvfolotkvte cahwet hvtvphoecet omvres.

Ehole ennetta 5, 1894 Ohhvkvsvmkv haket os.

CORVKKOHKAKV WVCENV ENWIKETV EMVNICVRE YEKCETV EMAT.

Este Maskoke Tvlwv Vlke Nvkafte vhakv hayat: Tvlwv Vlke Emmekot Kvntvckv Svrahrvkv Enfvtcecvlken emvcvhinen

Emecorvkkohkakvn vhakv kvcvlke emetohkvlketv hayet pometvlwv ofvn sasen hecewitet Wvcenv enwiketvt svlvfkvkoecvranewitis ocof emvnicepoecvren enkerkoecet os.

Heyv vhakv emvheckv esohfvcecvre svrahkvn Kvntvckv svrahrvkv Corvkkohkakv Enkvpetvnvlken tvsekiyv ensolke estomoset tetayvr tayen omat emvnicv ohhoeket omvranen yekcetv emet os.

Ehole ennetta 5, 1894 Ohhvkvsvmkv haket os.

TVLWV VLKE NVKVFITE NETTA ESOSTAT AEMOFVN CVTOKNAP VFASTV ERV EMOHSATV TEPAKAT OHROLOP OMVLKV EMEOHKERKOECET OMVRANAT.

Este Maskoke Tvlwv Vlke Nvkafte vhakv hayat: Heyv vhakv eshoyahne eryopv ayat Tvlwv Vlke Encvtoknap Vfastv momet Tvlwv Vlke Encvtoknap Eskerkoecv tepakat Tvlwv Vlke Ennvkvftetv mahhe Nvkvfite enyopv netta ostat aemofvn emeyohkerkoeckv enwvkecaket omvres:

Ohhvtvlake vhakv hakat: Heyv onvpv enwiketv vlke hocefhoke ocat hvmkvtekis heyv vhakv emeyackvn esohfvcecekot emvttecicet on omat enwiketv hoervte etektvnket haket os kometvt ohmen Tvlwv Vlke Nvkvftatet vhvmkocvn resohrvfkvranat temvrkvn hayet ahoericet omvres.

Ehole ennetta 5, 1894 Ohhvkvsvmkv hayet os.

VHAKV ESHECETV.